BIRGIT SCHÖSSOW

VIER FAHRN ANS Meer

TULIPAN VERLAG

Heute geht's los – toll!
Ganz früh geht's los – hm, nicht so toll!

Nummer zwei hat viel dabei.

Und wohin geht's?

Ans Meer natürlich!
Wenn wir den Weg finden.

Kennst du ihn etwa nicht?
Na ja, nicht so genau.

Und die Karte?
Ist älter.

Älter als was?
Wollen wir jetzt diskutieren?

Ich sehe nix.

Dunkel hier!

Hat das Auto kein Licht?

Doch, aber ich kann den Schalter nicht ...

Nimm doch mal die Pfote vom Lenkrad. Hier klebt alles!

ICH SEHE
LICHT
AM ENDE
DES

Huch, da ist ja der Schalter!

Total toller Tunnel!

Wir sehen das Meer
vor lauter Bäumen nicht.
Siehst du mehr?

Gute Nacht, Bär!
Gute Nacht, Hund!
Gute Nacht, Giraffe!
Gute Nacht, Mädchen!
Gute Nacht, Auto!
Gute Nacht, Piep!

Hört ihr es rauschen?
Das ist Hund.
Er schnarcht.

Meeresrauschen!
Na, so was!
Wir waren schon längst
daaaaa!

Birgit Schössow ist Hamburgerin
und lebt ganz nah am Meer an einem kleinen See.
Sie studierte Illustration an der Hochschule für Gestaltung
in Hamburg und zeichnet und fantasiert seither
für Kinder und Erwachsene.
Ihre Illustrationen sieht man u. a. auf Covern von
The New Yorker, Die Zeit, vielen Büchern
oder auf der Bühne des St. Pauli Theaters in Hamburg.

Ziemlich oft planscht sie im Meer gleich um die Ecke.

Besucht uns auf Facebook und Instagram!

TULIPAN-Newsletter
Tolle Lesetipps kostenlos per E-Mail!
www.tulipan-verlag.de

©Tulipan Verlag GmbH, München 2018
Alle Rechte vorbehalten
1. Auflage 2018

Text, Bilder und Gestaltung: Birgit Schössow
Druck: Grafisches Centrum Cuno GmbH & Co. KG, Calbe
ISBN 978-3-86429-402-0